¡Tú también pu...

Los defensores de los derechos civiles

Kelly Rodgers

Créditos de publicación

Rachelle Cracchiolo, M.S.Ed., *Editora comercial*
Conni Medina, M.A.Ed., *Gerente editorial*
Nika Fabienke, Ed.D., *Realizadora de la serie*
June Kikuchi, *Directora de contenido*
Caroline Gasca, M.S.Ed., *Editora*
John Leach, *Editor asistente*
Sam Morales, M.A., *Editor asistente*
Lee Aucoin, *Diseñadora gráfica superior*
Sandy Qadamani, *Diseñadora gráfica*

TIME For Kids y el logo TIME For Kids son marcas registradas de TIME Inc. y se usan bajo licencia.

Créditos de imágenes: Portada y pág.1 (frente) Bettman/Getty Images, (fondo) Associated Press; página de la Guía del lector Bettmann/Getty Images; pág.5 Library of Congress [LC-USZ62-122985]; págs.7, 9 Arthur Grace/ZUMAPRESS/Newscom; pág.11 Granger, NYC; pág.12 Library of Congress [LC-DIG-fsa-8a03228]; pág.13 National Baseball Hall of Fame Library/MLB Photos via Getty Images; pág.15 Associated Press; pág.19 Franklin D. Roosevelt Presidential Library & Museum; pág.21 AP Photo/Houston Chronicle, Karen Warren; pág.23 Ton Koene/VWPics/Alamy Stock Photo; pág.25 Lucas Jackson/Reuters; pág.27 Lucas Jackson/Reuters; pág.31 Library of Congress [LC-DIG-ds-04000]; todas las demás imágenes de iStock y/o Shutterstock

Todas las empresas y los productos mencionados en este libro son marcas registradas de sus respectivos propietarios o creadores y solo se utilizan con fines editoriales; el autor y la editorial no persiguen fines comerciales con su uso.

Teacher Created Materials
5301 Oceanus Drive
Huntington Beach, CA 92649-1030
http://www.tcmpub.com
ISBN 978-1-4258-2707-6
© 2018 Teacher Created Materials, Inc.
Printed in Malaysia
THU001.50393

Contenido

Justo y equitativo 4

Los primeros estadounidenses 6

Justicia para todos............................ 10

Una IDEA brillante 16

El poder de las niñas 22

Marcar la diferencia........................ 26

Glosario 28

Índice... 29

¡Échale un vistazo! 30

¡Inténtalo! 31

Acerca de la autora......................... 32

Justo y equitativo

¿Piensas en la *equidad*? ¿Sabes qué significa la palabra *justicia*? Estas dos palabras son muy importantes.

La equidad es tratar a las personas con respeto. Es asegurarse de que todos tengan las mismas oportunidades. Es decir, que nadie sufra maltrato.

La justicia tiene relación con la equidad. Significa tratar a todos de la misma manera. Las personas siguen normas y leyes para ser justas.

La equidad y la justicia son importantes. Brindan a todos las mismas probabilidades de éxito. Pero obtener **derechos civiles** es mucho esfuerzo.

Martin Luther King Jr. luchó por los derechos civiles.

¡Sé un defensor de los derechos civiles!

Tú puedes marcar la diferencia. Trata a todas las personas de la misma manera. Asegúrate de incluir a todos. Respeta las ideas de los demás. Y siempre sigue las reglas.

Los primeros estadounidenses

Los indígenas estadounidenses fueron los primeros que habitaron lo que hoy llamamos Estados Unidos. Luego llegaron nuevos pobladores a Norteamérica. Querían tierras y crearon sus propias leyes. No fueron equitativos con los pueblos originarios.

La vida de los indígenas estadounidenses cambió para siempre. El gobierno no respetó sus derechos. Debieron dejar sus hogares. La tierra ya no les pertenecía. Luego perdieron el derecho a tomar decisiones importantes sobre sus vidas. No pudieron decidir dónde vivir. Pero se defendieron. Expresaron públicamente cuáles eran sus problemas.

La Caminata Más Larga

En 1978, muchos indígenas estadounidenses atravesaron Estados Unidos a pie. Comenzaron en San Francisco, California. Terminaron en Washington, D. C. Les llevó cinco meses. Querían recordarles a todos lo que ellos habían perdido.

No se echaron atrás. Marcharon y **protestaron**. Finalmente, en 1968, se aprobó una ley. Fue la Ley de Derechos Civiles de los Indígenas.

Prometía que los indígenas estadounidenses tendrían derechos. La nueva ley les concedió libertad de expresión. Les brindó libertad de culto. Les otorgó protección. La ley fue un comienzo, pero no era suficiente.

Los indígenas estadounidenses aún luchan por el derecho a tomar sus propias decisiones. Sus voces merecen ser escuchadas.

Un verdadero guerrero

Clyde Warrior fue un indígena ponca de Oklahoma. Fundó el Consejo Nacional de la Juventud Indígena. Luchó por las **tradiciones** de los indígenas estadounidenses. En 1968, dio un importante discurso. Se lo llamó "No somos libres".

La multitud escucha y descansa al finalizar La Caminata Más Larga, en 1978.

Justicia para todos

Estados Unidos es una nación de leyes. Se supone que todas las personas son iguales ante la ley. Esto es lo que significa justicia. Nuestro color de piel no debería importar. Pero no siempre es así.

Muchas personas se han enfrentado con el **racismo**. Es la idea de que un grupo de personas es mejor que otro. Los afroamericanos se enfrentan con el racismo. Otras personas también. En el pasado, algunos estados tenían leyes que disponían la separación de las personas según su color de piel. Solo algunos podían votar.

Un caso importante

La Corte Suprema de Estados Unidos es el tribunal supremo del país. En 1954, la Corte decidió que la segregación en las escuelas públicas era ilegal. Los niños negros y blancos ahora podían ir juntos a la escuela.

Rosa Parks toma asiento

Un día de 1955, Rosa Parks subió a un autobús para volver a su casa después del trabajo. El autobús se llenó de inmediato. Un hombre blanco le pidió el asiento. Ella se negó y fue arrestada. Su acto de valentía cambió el país para siempre.

Los afroamericanos no podían comprar en las mismas tiendas que los estadounidenses de raza blanca. No podían asistir a las mismas escuelas. No podían rendir culto en las mismas iglesias. Ni siquiera podían beber agua de los mismos bebederos.

Esto enojó a muchas personas. Decidieron hacer algo al respecto. Comenzaron un **movimiento**. Se lo llamó "movimiento por los derechos civiles." Las personas se unieron para luchar por justicia. Usaron las palabras y las acciones como armas. Dieron discursos. Marcharon por las calles.

Un niño usa un bebedero para personas "de color".

Jackie Robinson al bate

Actualmente, en los equipos de béisbol hay jugadores de todas las razas. Pero en el pasado, los atletas afroamericanos y blancos no jugaban en los mismos equipos. Jackie Robinson cambió eso. Se unió a los Dodgers en 1947. Les abrió el camino a los demás.

La historia de Ruby Bridges

En 1960, Ruby Bridges tenía seis años. Según la ley, podía ir a la escuela que quisiera. Pero eso no sucedía en Luisiana. Ruby debió presentar un examen. Tuvo que demostrar que tenía conocimientos suficientes como para asistir a la misma escuela que los niños blancos. Ruby aprobó el examen.

Algunas personas se enojaron por esto. Sus padres estaban preocupados. Temían por Ruby. Pero ella fue valiente. Fue a la escuela de todos modos. Cuatro oficiales de policía la protegieron para ir a la escuela. Fue la primera afroamericana en **integrarse** a una escuela primaria del Sur.

Un homenaje presidencial

En 2001, el presidente Bill Clinton homenajeó a Ruby Bridges. La invitó a la Casa Blanca. La homenajeó por luchar por los derechos civiles. Le dio una medalla.

Una IDEA brillante

Algunas personas no pueden ver ni oír. Otras no pueden caminar. A veces, las personas nacen de esta manera y otras veces sucede algo que provoca la **discapacidad**.

Las personas que tienen alguna discapacidad quieren ir a la escuela. Desean poder ir a los mismos lugares a donde van los demás. Quieren hacer lo mismo que los demás. Sin embargo, durante mucho tiempo, no pudieron. No tenían los mismos derechos.

Defensor de los derechos de las personas con discapacidad

En los años 50, Ed Roberts cursaba el bachillerato prácticamente por teléfono. No podía asistir a la escuela fácilmente debido a su discapacidad. Luchó por obtener su diploma. Creó grupos por los derechos de las personas con discapacidad en su universidad en California.

Bethany Hamilton: Sobreviviente

Bethany Hamilton es una surfista de Hawái. Cuando tenía 13 años, la atacó un tiburón. Perdió el brazo izquierdo. Volvió a subirse a su tabla de surf un mes después. Es una inspiración para todos los atletas.

En los años 60, algunas personas con discapacidad comenzaron a luchar por sus derechos. Comenzaron un movimiento. Fue similar al movimiento por los derechos civiles. Trabajaron juntos. Hablaron con legisladores. Querían que se los escuchara.

En 1975, se aprobó una nueva ley. Decía que todos los niños podían ir a la escuela pública. Las escuelas debían ayudar a todos los niños a aprender. Los niños con discapacidades estaban incluidos. En 1990, la ley se conoció como IDEA. También se aprobaron otras leyes. Estas se aseguran de que las personas con discapacidad reciban un trato justo.

Un presidente con polio

Franklin D. Roosevelt (a la derecha) tenía una enfermedad llamada polio. Su cuerpo se debilitó. Después ya no pudo caminar. En 1932, Roosevelt fue elegido presidente de Estados Unidos. Su discapacidad no fue un impedimento.

Derribando barreras

Cuando Lex Frieden estaba en la universidad, sufrió un accidente automovilístico. Se fracturó el cuello. Después, no pudo caminar. Tuvo que usar una silla de ruedas. Sus médicos le dijeron que aún así podía hacer las mismas cosas que los demás. Lex sabía que era así, pero que se necesitaría valor.

Lex volvió a la universidad. Derribó **barreras**. Ayudó a otras personas a afrontar sus discapacidades. En Washington, D. C., se reunió con legisladores. Les dijo que todas las personas merecían vivir una vida normal.

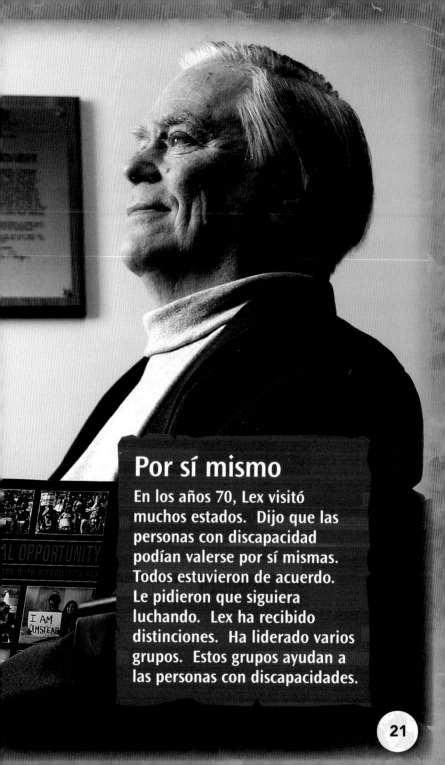

Por sí mismo

En los años 70, Lex visitó muchos estados. Dijo que las personas con discapacidad podían valerse por sí mismas. Todos estuvieron de acuerdo. Le pidieron que siguiera luchando. Lex ha recibido distinciones. Ha liderado varios grupos. Estos grupos ayudan a las personas con discapacidades.

El poder de las niñas

El aprendizaje hace la vida más fácil. Te ayuda a tener éxito. Todos los niños deberían recibir educación. Ir a la escuela marca una gran diferencia para todos los niños del mundo.

Actualmente, en muchos países, los niños y las niñas van a las mismas escuelas. Todos tienen la misma posibilidad de aprender. Pero en algunos países, a las niñas no se les permite ir a la escuela. Se está tratando de cambiar esto.

El Fondo de Malala

Malala Yousafzai es una heroína de la educación. Lucha para asegurarse de que todos los niños vayan a la escuela. Creó el Fondo de Malala. Este grupo recauda dinero para que los niños y las niñas tengan 12 años de escolaridad.

Niñas y niños asisten a una escuela en Amán, Jordania.

Algunos niños no van a la escuela porque deben trabajar. Otros viven demasiado lejos de la escuela. En muchos países, cuesta dinero ir a la escuela. Algunos padres no pueden pagar la matrícula.

Graça Machel ha trabajado por la igualdad de las niñas durante muchos años. Se la conoce en todo el mundo por su obra. Pertenece a un grupo llamado "The Elders" (Los Mayores). En este grupo hay personas de todo el mundo. Luchan por los derechos de las niñas y las mujeres.

Trabajo pendiente

Más de 130 millones de niñas de todo el mundo no van a la escuela. Las mujeres que completan su educación tienen más éxito. Es más probable que manden a sus hijas a la escuela.

Graça Machel habla en una cumbre en 2014.

Marcar la diferencia

Todos deberían tener las mismas oportunidades de éxito. Nadie debería sufrir inequidad. Nadie debería sufrir **injusticia**. Sin embargo, sucede muy a menudo. Recuerda que todos pueden marcar la diferencia.

¿Cómo puedes ayudar? Pronúnciate contra la inequidad. Cuando veas una injusticia, cuéntale a alguien. Toma cartas en el asunto. ¡Tú también puedes ser un defensor de los derechos civiles!

Un faro que brilla

Personas de todo el mundo quieren venir a Estados Unidos. Es una nación de inmigrantes. El presidente Barack Obama dijo: "No erigimos la Estatua de la Libertad de espaldas al mundo. La erigimos para que su luz brille como un faro para el mundo".

Personas prestan juramento para convertirse en ciudadanos estadounidenses.

Glosario

barreras: todo aquello que limita el movimiento o el acceso

derechos civiles: derechos a la igualdad y a la libertad

discapacidad: una condición que evita que una persona pueda hacer ciertas cosas

injusticia: trato desigual

integrarse: combinarse dentro de un todo

movimiento: una serie de actividades para lograr un objetivo común

protestaron: pelearon contra algo que está mal o es injusto

racismo: no aceptar a otros por su raza

tradiciones: creencias y costumbres que se transmiten

Índice

Bridges, Ruby, 14–15

Caminata Más Larga, La, 7, 9

Clinton, Bill, 15

Consejo Nacional de la Juventud Indígena, 8

Fondo de Malala, 22

Frieden, Lex, 20–21

Hamilton, Bethany, 17

IDEA (Ley de Educación para Personas con Discapacidad), 18

King, Martin Luther, Jr., 5

Machel, Graça, 24–25

movimiento por los derechos civiles, 12, 18

Obama, Barack, 26

Parks, Rosa, 11

Roberts, Ed, 16

Robinson, Jackie, 13

Roosevelt, Franklin D., 18–19

Warrior, Clyde, 8

¡Échale un vistazo!

Libros

Coles, Robert. 2003. *La historia de Ruby Bridges*. Scholastic.

McArthur, Marcus. 2016. *Llegar a Estados Unidos*. Teacher Created Materials.

Videos

HBO. *Mighty Times: The Legacy of Rosa Parks*. (Spanish Version).

Sony Pictures Entertainment. *Olas del corazón*.

Páginas web

Ducksters. *Civil Rights for Kids*. www.ducksters.com/history/civil _rights/.

¡Inténtalo!

Imagina que tu clase está planeando una entrega de premios. Cada estudiante debe crear un premio para un defensor de los derechos civiles.

- Elige a una persona que haya luchado para proteger los derechos civiles. Enumera cinco datos interesantes sobre esa persona.

- Luego, escribe un discurso para entregar el premio a esa persona.

Acerca de la autora

Kelly Rodgers vive en Georgia con su familia. Es maestra de historia de educación secundaria. Le gusta enseñar, especialmente sobre la Declaración de la Independencia, la Constitución de EE. UU. y la Carta de Derechos de EE. UU. Durante las vacaciones de verano, disfruta viajar y ver cómo viven otras personas en todo el mundo.